Tadpole Books are published by Jump!, 5357 Penn Avenue South, Minneapolis, MN 55419, www.jumplibrary.com

Editor: Jenna Trnka **Designer:** Anna Peterson **Translator:** Annette Granat

Photo Credits: Justin Black/Shutterstock, cover; prapass/Shutterstock, 1; charissadescanderlotter/Shutterstock, 2–3, 16tm; Danita Delmont/Shutterstock, 4–5; Four Oaks/Shutterstock, 6–7, 16bm; caizier/Shutterstock, 8–9, 16br; 1001slide/iStock, 10–11, 16tr; Scandium/Shutterstock, 12–13 (zebras); Anton_Ivanov/Shutterstock, 12–13 (lion), 16bl; milehightraveler/iStock, 14–15, 16tl.

Library of Congress Cataloging-in-Publication Data

Names: Nilsen, Genevieve, author.
Title: Las crias de la cebra / por Genevieve Nilsen.
Other titles: Zebra foals. Spanish
Description: Tadpole books edition. | Minneapolis, MN: Jump!, Inc., (2019) | Series: Animales bebés de los safaris | Audience: Age 3–6. | Includes index.
Identifiers: LCCN 2018037631 (print) | LCCN 2018038688 (ebook) | ISBN 9781641285384 (ebook) | ISBN 9781641285377 (hardcover : alk. paper) | ISBN 9781641286787 (pbk.)
Subjects: LCSH: Zebras—Infancy—Juvenile literature.
Classification: LCC QL737.U62 (ebook) | LCC QL737.U62 N5518 2019 (print) | DDC 599.665/71392—dc23
LC record available at https://lccn.loc.gov/2018037631

ANIMALES BEBÉS DE LOS SAFARIS

LAS CRÍAS DE LA CEBRA

por Genevieve Nilsen

TABLA DE CONTENIDO

tadpole en español

LAS CRÍAS DE LA CEBRA

Esta es una cría de cebra.

Es una cebra bebé.

Se para enseguida.

Camina con mamá.

Mira las rayas.

Son blancas y negras.

Vive en un grupo.

¡Aquí viene un león!

¡Corran!

Están a salvo.

REPASO DE PALABRAS

a salvo

cría

grupo

león

mamá

rayas

ÍNDICE